LA BARRIERE
MONT-PARNASSE,

A PROPOS VAUDEVILLE,

EN UN ACTE,

PAR MM. ****

REPRÉSENTÉ, POUR LA PREMIÈRE FOIS, A PARIS, SUR LE THÉATRE DU VAUDEVILLE, LE JEUDI 8 MAI 1817.

Par Scribe, Ch. Poirson, Dupin et Desaugiers d'après Brazier.

PRIX: 1 FR. 25 CENT.

A PARIS,

CHEZ FAGES, Libraire, au Magasin de Pièces de Théâtre, Boulevard St.-Martin, n°. 29.

PERSONNAGES.   ACTEURS.

HALTE-LA, Commis de la Barrière Mont-Parnasse. . . . . . M. *Edouard.*

TROUVE-TOUT, ⎱ Commis ⎰ M. *Guénée.*
FURET,   ⎰ de la ⎱ M. *Justin.*
                ⎱ barrière. ⎰

M. FAUX-BONHOMME. . . . M. *Philippe.*
MACBETH. . . . . M. *Hyppolite.*
Mᵉ. BRAILLARD, Avocat. . M. *Thuilier.*
LA CHASTE SUZANNE. . . . Mˡˡᵉ. *Pauline.*
                           Geoffroy.
DOGUEMAN. . . . . M. *Philippe.*
WALLACE. . . . . M. *Laporte.*
ROBERT BRUCE, Enfant. . Mˡˡᵉ. *Gougibus.*
THIBAUT. ⎰ des *Deux* ⎱ M. *Gonthier.*
FANCHETTE. ⎱ *Jaloux.* ⎰ Mˡˡᵉ. *Minette.*
MÉNÈTRIERS. . . . .
ÉCUYERS. . . . .
UN CHIEN. . . . . Coco,
                        caniche de M. *Gonthier.*

WALLACE,

OU

LA BARRIÈRE MONT-PARNASSE.

Le Théâtre représente une Barrière, avec cette inscription : Barrière Mont-Parnasse.

SCENE PREMIERE.

HALTE-LA, TROUVE-TOUT, FURET.

HALTE-LA.

Air *du Branle sans fin.*
Nous, préposés d'Apollon,
Au Parnasse
Qu'il ne passe,
C'est là l'ordre d'Apollon,
Qu'il ne passe que du bon.

C'est à qui nous trompera :
Que notre adresse soit grande ;
Dans ces marchandises-là,
Il est tant de contrebande.

CHOEUR.

Nous, préposés d'Apollon, etc.

HALTE-LA.

Des drames, des opéras,
Favorisons les sorties.

TROUVE-TOUT.

Et surtout n'empêchons pas
D'passer les bonnes tragédies.

CHOEUR.

Nous, préposés, etc.

HALTE-LA.

Oui, Messieurs, je vous recommande la plus grande surveillance; prenez garde surtout aux marchandises étrangères.... Que diable! voilà encore un drame allemand que vous venez de laisser passer!

FURET.

Dam, Monsieur, je ne l'ai pas vu.

HALTE LA.

Il me semble pourtant qu'un drame allemand est assez épais et assez lourd pour qu'on l'aperçoive.

TROUVE-TOUT, *bâillant*.

Moi, Monsieur, je l'ai vu....

HALTE-LA.

Allons, en voilà un qui ne parle qu'en bâillant.

TROUVE-TOUT.

Dam, écoutez donc, je voudrais vous voir à ma place; c'est moi qui ai l'inspection de tous les nouveaux romans anglais..... Si vous croyez que c'est gai.

HALTE-LA.

Enfin, voyons; puisque tu as vu ce drame allemand, comment l'as-tu laissé passer?

TROUVE-TOUT.

Ma foi, j'y ai été trompé, et je l'ai pris pour une production nationale.

HALTE-LA.

Allons.

AIR : *Cet arbre, apporté de Provence.*

> Ma foi, s'il faut que je m'explique,
> On a beau regarder de près,
> Chez nous le genre romantique
> Fait tous les jours tant de progrès,
> Que, dans notre littérature,
> Il est maint ouvrage à présent
> Qu'on dit français, et je vous jure,
> Qu'on prendrait pour de l'allemand.

HALTE-LA.

N'importe, prenez-y bien garde.... Vous vous rappelez tout ce qui a manqué d'arriver, il y a quelques années, par une semblable négligence.

TROUVE-TOUT.

Ah! je sais ce que vous voulez dire, *Misantropie et Repentir*, que nous avions laissé passer.

COMÉDIE.

HALTE-LA.

Diable! que ça ne vous arrive plus ; allez chacun à vos postes.

CHOEUR.

Nous, préposés d'Apollon, etc.

(*Ils sortent.*)

SCENE II.

TROUVE-TOUT, HALTE-LA.

TROUVE-TOUT.

Monsieur, voulez-vous avoir la complaisance de jeter un coup-d'œil sur le registre de la semaine : il s'est présenté pour les entrées et les sorties beaucoup d'articles qui attendent au bureau de la douane votre décision.

HALTE-LA.

Allons, voyons, dépêchons.

TROUVE-TOUT. *lisant sur un registre.*
Nouvelle méthode d'éclairage par le gaz hydrogène.

HALTE-LA.

Qu'est-ce que c'est que ça ?

TROUVE-TOUT.

AIR : *Ces postillons sont d'une maladresse.*

Monsieur, c'est c'nouvel éclairage
Dont les effets, en tous lieux, sont cités;
On peut le voir dans l'passage,
A côté des Variétés.
Mais on prétend que ces lampes nouvelles,
Dont s'éclair'nt les Panoramas,
N'empêchent pas bien des d'moiselles
D'y faire des faux pas.

HALTE-LA.

N'importe ; accordé. Il ne faut s'opposer à rien de ce qui tend au progrès des lumières.

TROUVE-TOUT.

On demande à faire entrer une demi douzaine d'éditions compactes.

HALTE-LA.

Qu'est-ce que c'est que ça ?

TROUVE-TOUT.

C'est une invention superbe qui réduit tous les grands hommes en *in-8°.*; on réduit, on réduit....

Air *du Vaudeville de Fanchon.*

Bientôt, je le parie,
Tout' l'Encyclopédie
Dans la main pourra se porter;
Par c'moyen, à la ronde,
Partout l'esprit va s'débiter,
Pour que les pauvres de c' monde
Puissent en acheter.

HALTE-LA.

Eh! quels sont les messieurs qui demandent à entrer?

TROUVE-TOUT, *à la cantonnade.*

Rousseau, Massillon, Voltaire et Fénélon.

HALTE-LA.

Qu'on les laisse entrer.

TROUVE-TOUT.

Qu'on laisse entrer les éditions compactes; ça ne tient pas grand place, c'est si serré!

HALTE-LA.

Mais, j'y pense, on dit qu'on devait employer le même procédé sur plusieurs auteurs vivans.

TROUVE-TOUT.

Ça va faire un fameux déchet.

Même air.

Que de gens qu'on admire
A rien vont se réduire!
Que d'homm's d'Etat
En p'tit format!

(*Montrant un ballot de pamphlets.*)

J'en vois d'autr's; comment faire,
Dites donc? est-ce qu'on les réduira?
Ils sont pourtant, j'espère,
Bien assez plats comm' ça!

On demande l'introduction d'une caisse de tableaux de MM. Van-Brosse et Van-Croûte, peintres hollandais. Faudra-t-il permettre?

COMEDIE.

HALTE-LA.

Non, nous pouvons nous passer de l'étranger; la France est assez riche.

Air : *Dans ce salon.*

On peut au même numéro
Les mettre ici sous le séquestre,
Quand on possède le pinceau
Qui fit Didon et Clytemnestre.
Des chefs-d'œuvres, de toutes parts,
Attestent que notre patrie
Tient toujours le sceptre des arts,
Et règne encor par le génie.

TROUVE-TOUT.

Non, Monsieur; mais j'ai idée que la journée sera bonne. Voilà déjà des visites. Voyez-vous, Monsieur, cette jolie petite fille avec ce grand paysan?

Air : *Ah! qu'il est doux de vendanger.*

Ah! qu'elle a de grâces et d'attraits!
Mais je la reconnais;
D'honneur, je les ai vus déjà :
Et tous deux, c'est unique,
Ont un air d'opéra.

HALTE-LA.

Oui, d'opéra-comique.

SCENE III.

LES MEMES, FANCHETTE, THIBAUT.

FANCHETTE.

Quand je te dis que c'est par ici qu'il doit arriver.

THIBAUT.

C'est bon, Mam'zelle; tenez la basque de mon habit, et ne me quittez pas.

HALTE-LA.

Puis-je savoir ce que vous voulez?

THIBAUT.

C'est un étranger que nous attendons, et qui doit arriver par cette barrière.

HALTE-LA.

A qui ai-je l'honneur de parler ?

THIBAUT, *chantant*.

Ma Fanchette est charmante.

Vous me permettez de ne pas achever ?

HALTE-LA.

Oui, oui, d'autant plus que vous vous passeriez peut-être de permission ; je sais que vous venez d'une maison où ce sont les dames qui chantent.

AIR *de Dorilas*.

Oui, chez vous, des femmes charmantes,
Sans partage règnent, dit-on,
Et les accens de leurs voix séduisantes
Font les honneurs de la maison.
Votre absence est ce qu'on réclame ;
C'est un ménage où plus d'un amateur
Bien plus souvent viendrait pour voir Madame,
S'il ne craignait d'y rencontrer Monsieur.

FANCHETTE.

Ah ! Thibaut ; d'abord, on a raison de le craindre, car il est assez jaloux.

THIBAUT.

Taisez-vous....

HALTE-LA.

Il n'est donc point changé ?

FANCHETTE.

Lui !.... Il ne change jamais... Oh ! mon Dieu ! il est partout le même.

THIBAUT.

Silence ! Mademoiselle.

HALTE-LA.

Eh ! dites-moi : quel intérêt prenez-vous à l'arrivée de cet étranger ?

FANCHETTE

Un bien grand ; c'est que vous ne savez donc pas que ça ne va pas bien du tout chez nous.

COMÉDIE.

HALTE-LA.

Il me semble pourtant qu'une aussi jolie servante doit achalander la maison..... Heim ! comment vont les amours ?

FANCHETTE.

Ah ! ben oui, des amours ! il n'y en a plus chez nous !

HALTE-LA.

Comment ! il n'y a plus d'amours ?

FANCHETTE.

Eh ! non, puisque nous n'avons plus d'amoureux.

HALTE-LA.

Plus d'amoureux !

FANCHETTE.

C'est comme je vous le dis.

HALTE-LA.

Il est impossible qu'il ne s'en présente pas....

FANCHETTE.

On ne veut pas.

HALTE-LA.

Ah ! j'entends... les pères...

FANCHETTE.

Justement ce sont ceux-là qui élèvent le plus la voix.

HALTE-LA.

Eh bien ! on disait qu'ils n'en avaient plus.

FANCHETTE.

Faut distinguer ! ils ont toujours voix au chapitre ; mais ça ne sort pas de là ; ce n'est pas que quelquefois nous n'ayons eu de bons momens ! Par exemple, nous avons reçu la visite de jolies Rosières, et nous avons eu une journée où il nous est arrivé entr'autre une aventure bien heureuse !

HALTE-LA.

Laquelle donc ?...

FANCHETTE.

C'est que le public est venu... il y avait long-temps... mais ça n'a pas duré. Il faudrait déjà quelque chose pour le réveiller, et voilà pourquoi nous venons savoir si ce monsieur que nous attendons est arrivé.

HALTE-LA.

Dam ! le remède sera peut-être pire que le mal.... Et son nom ?

FANCHETTE.

Il s'appelle Wallace.

HALTE-LA.

Je n'en pas grande idée !

FANCHETTE.

Ça nous est expédié d'Ecosse, et il arrive avec un ballot de romances à effet.

HALTE-LA.

Je ne sais pas si ça pourra passer.

FANCHETTE.

Ah ! ben, par exemple, il ne manquerait plus que cela, si un homme comme lui est arrêté à la douane !

AIR *du vaudeville des Deux Edmond.*

C'est un héros que l'on admire,
A qui toujours on entend dire :
Gloire et patrie et cætera.

HALTE-LA.

Ça passera.   (*bis.*)

THIBAUT.

C'est un roi chantant la romance,
Tandis qu'un autre avec vaillance,
Pour lui se fait casser les bras.

HALTE-LA.

Ça ne passera pas.

FANCHETTE.

Sa musique enfin nous rappelle
Les accords enchanteurs de celle
Que dans Bagnères on admira !

HALTE-LA.

Ça passera.   (*bis.*)

THIBAUT.

Et cette musique savante,
C'est notre amoureux qui la chante.

HALTE-LA.

A moins qu'il ne chante bien bas,
Ça ne passera pas.

THIBAUT.

Songez donc, monsieur, que nous n'avons d'espoir qu'en lui !

HALTE-LA.

Peine perdue ! c'est comme si vous chantiez !

THIBAUT.

Chantez ! chantez ! ils n'ont que ça à dire. Eh ben ! et moi aussi, je chante : il est vrai que c'est en parlant... *Si j'étais président, je rendrais un arrêt, comme quoi il serait permis de chanter sans voix ; ça ferait crier.... mais on s'y ferait.*

COMÉDIE.

FANCHETTE.

Vous allez le mettre en colère.... là, là, mon bon monsieur, je vous en prie.

HALTE-LA.

Est-ce qu'on peut vous refuser ; je ne vous réponds pas que ça aille tout seul ; mais peut-être en payant des droits considérables ; enfin, on verra.

FANCHETTE.

Ah ! oui, soignez son entrée.

HALTE-LA.

Comme elle est gentille cette petite fille !

FANCHETTE.

Nous allons aller au-devant de lui en nous promenant ; allons, viens, Thibaut, et tâche donc d'être plus gai que cela !

THIBAUT.

AIR : *Vaudeville de Folie et Raison.*

« Ma Fanchette est charmante
» Dans sa simplicité,
» Et sa mine piquante
» Vaut mieux que la beauté. »

HALTE-LA.

De plaire, gentille fillette,
Vous avez le secret heureux ;
Ne changez point, belle Fanchette,
Ou ne changez que d'amoureux.

CHŒUR.

Ma Fanchette, etc.

SCENE IV.

HALTE-LA, M. FAUX-BONHOMME.

(*Faux-bonhomme a une flûte à la main et une épée sous le bras.*)

FAUX-BONHOMME, *à la cantonnade.*

Mes enfans, soyez tranquille, je vais ménager cela avec douceur.... (*Haut.*) Eh bien ! mon ami, j'ai encore le plaisir de vous voir ; je m'en vais.

HALTE-LA.
Qu'est-ce que ce Monsieur là?
FAUX-BONHOMME.
Mon ami, mon cher ami, vous ne me reconnaissez pas (*Il lui serre la main.*)
HALTE-LA.
Mon cher ami, vous me faites mal.
FAUX-BONHOMME.

AIR : *C'est le meilleur homme du monde.*

>Je ne suis pas des plus plaisans ;
>Mais avec délice on s'ennuie,
>Quand on rencontre chez les gens
>La franchise et la bonhommie.
>Regardez donc un peu ces traits,
>Voyez ma face ouverte et ronde ;
>Je me donne, quoique mauvais,
>Pour le meilleur homme du monde.

HALTE-LA.
Ça m'a tout l'air d'un faux bonhomme.... Et, en effet, c'est M. Faux-Bonhomme.

FAUX-BONHOMME.
Moi-même, mon cher ami. Depuis que j'ai passé par ici, je ne me suis montré qu'une seule fois dans le monde; mais j'y ai fait un beau bruit.

HALTE-LA.
Qu'est-ce que vous avez donc là?

FAUX-BONHOMME.
Rien, rien; c'est que, voyez-vous, entre nous rien de caché. Moi, je suis franc; je dis tout à mes amis : c'est que la première fois que je suis sorti, c'était rue de Richelieu, je suis tombé.

HALTE-LA.
Diable, aussi pourquoi alliez-vous là? le pavé est glissant.

FAUX-BONHOMME.
Je m'en suis aperçu quand j'ai été par terre.... Et puis, j'avais négligé de prendre des précautions essentielles..... Voyez-vous, dans cette maison, pour réussir.... il y a un petit vocabulaire de mots à effets qu'il faut toujours avoir dans sa poche.

HALTE-LA.
Comment cela?

FAUX-BONHOMME.

Air : *J'ai vu partout dans mes voyages.*

Il faut ménager avec grâce
Force brèves pour Nérestan,
Des longues pour le vieil Horace,
Des nasales pour Lusignan :
Mettre, de peur qu'on vous condamne,
Un.... *je vous aime* pour Pyrrhus,
Un.... *vous pleurez* pour Orosmane,
Un.... *qu'en dis-tu* pour Manlius.

Jusqu'à ces dames qui ont aussi leurs goûts.

Même air.

L'une, des rimes féminines,
Aime la chûte et la lenteur ;
L'autre, des rimes masculines,
Préfère la noble vigueur.
Un *monstre* paraît admirable
A Clytemnestre en ses fureurs.
Phèdre demande un.... *misérable*,
Zaïre un ou deux.... *je me meurs !*

Malheureusement, je n'avais rien de tout cela... Aussi, je m'en vais, et c'est un passe port qu'il faut m'expédier.

HALTE-LA.

Vous vous trompez ; ce n'est pas ici la barrière des Bons-Hommes ; et puis, vous avez là un bagage....

FAUX-BONHOMME.

Je n'ai rien à moi, tout à mes amis ; nous avons fait une petite association, Charlemagne, le luthier de Lubeck, et quelques autres gens de mérite, qu'on n'a pas voulu écouter ; nous avons pris pour devise : *Du malheur, auguste victime !* Vous le voyez, j'ai l'épée de Charlemagne et la flûte du luthier.

HALTE-LA.

Et quel est votre dessein ?

FAUX-BONHOMME.

D'aller à Londres donner des concerts ; car je sais bien que les musiciens prennent à Paris : mais ce n'est qu'à Londres qu'ils peuvent se sauver. Si vous voulez nous expédier une petite licence d'exportation....

HALTE-LA.

Je ne demande pas mieux ; mais il y a des droits, et à votre entrée, vous deviez payer en sortant.

FAUX-BONHOMME.

Mon ami, mon cher ami, quelle mémoire vous avez.... (*A*

part.) Si je faisais jouer l'épée de Charlemagne ! c'est qu'elle n'a pas le fil. Ah ! je puis vous payer en musique ; et si vous voulez un petit air....

HALTE-LA.

Eh bien ! soit.

FAUX-BONHOMME.

Écoutez seulement celui-ci. Vous y êtes ?
(*Il prend sa flûte et siffle, au lieu de jouer.*)

HALTE-LA.

Ah ! mon Dieu !.... Prenez donc garde.... Ne badinez donc pas avec cela ; vous savez qu'aujourd'hui c'est très-dangereux.

FAUX-BONHOMME.

C'est égal ; je veux que vous entendiez cet air-là.
(*Il joue, et siffle encore.*)

HALTE-LA.

Quel diable d'air nous inventez-vous là ?

FAUX-BONHOMME.

Moi, inventer !.... Je vois bien que vous ne me connaissez pas... Je n'invente jamais rien... Je ne joue que les airs que j'entends, et je me rappelais celui-là surtout, parce que toute la soirée ils n'ont fait que me le répéter ; et depuis ce temps-là, je l'ai toujours dans les oreilles. Vous allez voir.

HALTE-LA.

Non, non ; j'aime mieux vous laisser passer que de vous entendre.

FAUX-BONHOMME.

Grand merci !.... Mais la route est longue.... Je vais entrer.... là.... à ce cabaret, me refaire un peu.

HALTE-LA.

Pendant que vous y êtes, refaites-vous tout à fait.

FAUX-BONHOMME.

Oui.... ça ne peut pas me faire de mal.   (*Il sort.*)

SCENE V.

HALTE-LA, *seul*.

Voilà un pauvre diable qui s'en va pédestrement.....
(*Regardant au fond.*) Mais que vois-je ? quel tourbillon de

poussière.... Diable!.... celui-là ne va pas à pied; on voit bien que c'est un arrivant.

SCENE VI.

LES PRECEDENS, MACBETH. (*Il est monté sur un cheval blanc, et habillé en chevalier écossais.*)

(*L'orchestre joue un air du manége de Franconi.*)

MACBETH.

Eh! oup.... Eh! oup.... Allons donc.
(*Il veut franchir la barrière, son cheval recule.*)

HALTE-LA.

Arrêtez! où allez-vous?

MACBETH.

Vous le voyez bien, j'entre.

HALTE-LA.

Savez-vous que c'est ici la barrière Mont-Parnasse.

MACBETH.

Qu'est-ce que ça me fait! mes chevaux et moi franchissons toutes les barrières!

HALTE-LA.

Air du vaudeville d'Arlequin musard.

Ah! restez plutôt terre à terre,
Des gens tels que vous, croyez-moi,
Ne passent pas cette barrière.

MACBETH.

Eh! mais vous plaisantez, je crois;
Il est des chevaux au Parnasse,
Et Pégase doit vous prouver
Qu'une bête, avec de l'audace,
Finit toujours par s'élever.
(*Il donne du cor.*)

HALTE-LA.

Ah mon dieu! quelle musique! Et puis cet habillement écossais... est-ce que serait ce Wallace que cette petite Fanchette attendait!... Dites-moi, Monsieur, chantez-vous?

MACBETH.

Non, Monsieur!

HALTE-LA.

Excusez! c'est que je vous prenais pour un Opéra!

MACBETH.

Pas si bête! On me nomme Macbeth l'Ecossais, et voilà mon histoire! Ce matin, je traversais le bois de Boulogne avec ma troupe, quand j'aperçois trois diseuses de bonne-aventure qui étaient faites comme des sorcières, et qui me crient d'une voix enrouée.... *Macbeth, tu régneras!!!* J'avais la bouche ouverte pour leur demander, *où ça?*..... lorsqu'elles se mettent à exécuter autour de moi une danse burlesque. qui m'a semblé une espèce de gigue anglaise... Et la plus laide jette à mes pieds un carré de papier jaune, sur lequel je lis : *Cirque Olympique, Billet d'administration. Bon pour deux personnes* (moi et mon cheval).... Et plus bas : *changement de domicile.... Voir au faubourg du temple !*

HALTE-LA.

Et quel est votre projet ?

MACBETH.

Frappé alors des hautes destinées qui m'attendent.... je laisse ma troupe à un quart de lieue, et je viens en avant tenter le passage, si vous voulez bien permettre... Eh! oup.. Allons, Coco.

HALTE-LA.

Bride en main, monsieur l'écuyer! Vous m'avez tout l'air de marchandise de contrebande, et vous ne passerez pas.

MACBETH.

Mais que diable! Faut-il vous montrer mes papiers.... ma feuille de route? Regardez plutôt: *Signé* et cœtera, Auteur du Renégat.

HALTE-LA.

Ça ne vaut rien, vous n'entrerez pas.

MACBETH.

On dirait que c'est le premier Macbeth qui se présente... Est-ce qu'il n'en est pas venu un... il y a une vingtaine d'années! Il était pourtant comme moi d'origine anglaise.

HALTE-LA.

C'est bien différent :

Air de *Partie carrée.*

Il m'en souvient, chez Melpomène,
Macbeth a déjà réussi.
Que n'avez-vous, pour briller sur la scène,
Un aussi bon guide que lui?

En

COMEDIE.

En venant dans notre patrie,
Le passe-port qu'il eut jadis,
Était visé par le génie,
Et signé par DUCIS.

MACBETH.

Le génie... Eh ! Nous n'avons que de ça chez nous... Enfin, dans notre ballet, devinez un peu qui est-ce qui danse ?

HALTE-LA.

Des danseurs apparemment.

MACBETH.

Point du tout, ce sont des arbres !

HALTE-LA.

Comment, une forêt qui exécute un ballet ?

MACBETH.

Justement ! J'ai, entre autres, deux petits taillis qui vous dansent une bourrée... Et au milieu de tout cela, mes acteurs quadrupèdes qui remplissent leurs rôles d'une manière fringante, j'ose le dire....

HALTE-LA.

Ah ça, je n'en reviens pas !

MACBETH.

Et si vous aviez vu ma jument *coquette*, dans la scène du *Somnambulisme*.... Mais une indisposition est cause qu'on a retranché le rôle.

HALTE-LA.

Comment, vous auriez osé...

MACBETH.

Vous auriez vu toutes ses aventures en scène...

AIR : *Connaissez mieux le grand Eugène.*

D'abord, vertueuse et sévère,
L'amour l'égare en son chemin,
Et bientôt, jument adultère,
Elle ne connaît plus de frein.

HALTE-LA.

C'était bien moral.

MACBETH.

Comment, si c'était moral ?

L'exemple de ce cœur perfide
N'apprend-il pas qu'en tous les temps,
Dès qu'à l'amour on a lâché la bride,
La vertu prend le mors aux dents.

B

Voilà la morale... Et je vous en prie, que je puisse passer en faveur de la morale.... Ohé! Coco!....

HALTE-LA.

Au fait, ce serait bien injuste de priver mes contemporains d'un spectacle si curieux, et je vous permettrai de passer à une seule condition.

MACBETH.

Laquelle ?.....

HALTE-LA.

C'est que que vous ne parlerez pas.

MACBETH.

C'est dit; je cours chercher ma Troupe, et faire une entrée triomphale.... Ah! encore un'mot, je vous demaderais seulemeut une petite chose.

AIR *de l'Enfantin.*

De peur qu'on ne m'épilogue,
Souffrez qu'un petit prologue,
Ou du moins un monologue,
Mettent au fait
Du sujet,
Je crois cela sans réplique.

HALTE-LA.

Comme vous, moi j'en convien,
Car même quand on l'explique,
Souvent on n'y comprend rien.

(*Macbeth sort.*)

SCENE VII.

HALTE-LA, SUZANNE, BRAILLARD.

HALTE-LA.

Mais, que vois-je? quelle est cette jolie dame et ce monsieur en noir!

SUZANNE, *avec des couronnes.*

AIR *d'Armide.*

Paris qui me couronne
Ne peut de mon souvenir
Bannir
Les bords de la Garonne,
Où j'obtins mes premiers
Lauriers.

BRAILLARD.

Je veux suivre vos traces.

SUZANNE.

Au sein de mes foyers
Je vais porter mes grâces.

COMÉDIE.

BRAILLARD.
Et moi, mes plaidoyers.
ENSEMBLE.
Paris, etc...

HALTE-LA.
Si je ne me trompe.... c'est cette jolie personne qui, il y a quelques mois, passa par ici et qui allait à la fortune par la porte Saint-Martin.

Air *de Tarare*.

Venez, chaste beauté,
Loin d'un monde profane,
Venez, chaste Suzanne.

SUZANNE.
Par tant de chasteté,
Je crains qu'on ne chicane,
Et tenez, dans ce jour,
Appelez-moi Suzanne
Tout court !

HALTE-LA, *montrant Braillard*.
Oserais-je vous demander quel est ce monsieur ?

SUZANNE.
C'est monsieur Braillard.... mon avocat !

HALTE-LA.
Braillard, voilà un singulier nom.

BRAILLARD.
Aussi, je fais tout ce que je peux pour en changer.

SUZANNE.
C'est lui qui m'a défendue dans cette affaire où l'on voulait me condamner au feu, pour m'être laissé surprendre dans l'eau.

HALTE-LA.
Et il paraît que vous avez gagné votre procès...

BRAILLARD.
Comment, si je l'ai gagné?.. il faut que je vous conte cela...

HALTE-LA.
Ce n'est pas la peine.

BRAILLARD.
Il faut que je vous conte cela.

Air : *Suzon dormait dans un bocage.*

Ma cliente sous la tonnelle,
En jupon court prenait un bain,

Deux vieillards accusent la belle :
Le conseil s'assemble soudain !
Moi, par un élan admirable,
Je m'avance et je pars de là,
Et patati et patata,
On est innocent ou coupable ;
Et patati et patata.
Fallait voir ce plaidoyer-là.

HALTE LA.

Ça a dû faire un grand effet ?...

BRAILLARD.

Je le crois... Tout Paris a trouvé mon plaidoyer excellent et ma cliente charmante.

HALTE-LA.

Et vous n'avez pas été tenté d'en appeler ?...

SUZANNE.

Nullement... Je trouve que les Parisiens sont de très-bons juges...

BRAILLARD.

Il faut dire aussi qu'on n'a jamais été plus à même de juger... Oh ! nous ne leur dissimulions rien : la vérité ! la vérité.... je ne connais que cela.

HALTE-LA.

Oui, il me semble même que vous avez poussé l'amour de la vérité jusqu'à prendre son costume.

BRAILLARD.

Oh ! ne faites pas attention.... c'est que madame sort du bain...

SUZANNE.

Oui, je me baignais tous les soirs !

HALTE-LA.

Il est facile de s'en douter à votre fraîcheur....

SUZANNE.

Est-ce que vous n'êtes pas venue me voir dans ma baignoire ?

HALTE-LA.

Je n'aurais pas osé me permettre....

SUZANNE.

Eh ! mon Dieu !... il ne fallait pas vous gêner... j'avais toujours nombreuse société.

HALTE-LA.

Pourquoi donc alors quitter Paris ?

BRAILLARD.

Il faut tout vous dire ; il est venu chez nous un seigneur

espagnol, monsieur le comte Almaviva, qui vient de nous mettre à la porte.

Air : *Gai, Coco.*

Je le dis à ma honte,
C'est sur ce maudit comte
Que maintenant on compte,
Partout c'est le héros.
Au bord de la Gironde,
Il vit déjà le monde
Le fêter à la ronde ;
Car il vient de Bordeaux.
Dans ce pays il touche
Le cœur le plus farouche ;
Son éloge, j'en réponds,
Est enfin dans la bouche
De tous les gascons.

Mais nous espérons aussi faire ailleurs notre fortune ; nous emportons avec nous ses moyens de succès ; c'est une Psyché que nous avons mise dans nos bagages, et pour laquelle nous vous demanderons un laissez-passer.

HALTE-LA.

Qu'est-ce que ça veut dire ?

BRAILLARD.

Vous allez voir. Qu'on apporte le deuxième acte d'Almaviva.

HALTE-LA.

Comment, c'est une glace ! (*On apporte une grande glace couverte d'un rideau.*)

BRAILLARD.

Pas autre chose !

HALTE-LA.

Mais elle n'est pas neuve votre glace.

BRAILLARD.

Mais non, puisque je vous ai dit qu'elle avait couru les départemens et l'étranger ; mais c'est égal, elle est de manufacture française.

TROUVE-TOUT.

Notre maître, demandez donc qu'elle tire le rideau, je suis curieux de voir une petite scène à la glace.

HALTE-LA.

Voilà qui n'est pas rare ; mais c'est égal, je ne demande pas d'autres droits de passage.

BRAILLARD.

Je ne vous promets pas ici tout ce qu'on voit chez eux.

WALLACE,

AIR : *Tenez, n.o!, je suis un bon homme.*

Dans leurs tableaux tout se succède ;
On voit un seigneur, un valet,
Un hypocrite qui les aide
Et l'innocence qui se tait.
Un jeune amant qui prend la place
De l'époux qui dort à côté.

TROUVE-TOUT.
Dans l'monde on prendrait cette glace
Pour l'miroir de la vérité.

(*On tire le rideau, et Suzanne danse la gavote devant la glace.*)

HALTE LA.
Mais, j'ai ouï dire que votre glace était souvent infidèle ! Il me semble que votre image a été un peu en retard.

BRAILLARD.

AIR *du Mariage de Scarron.*

Après tout, qu'importe ma foi,
Qu'elle soit plus ou moins fidèle ?
Elle est plus épaisse que moi ;
Mais je suis un peu plus grand qu'elle ;
Et mon ombre, voilà l'écueil,
De m'attendre parfois se lasse :
Hier étant dans mon fauteuil,
Je dansais déjà dans la glace.

(*On emporte la glace.*)

HALTE-LA.
Voilà votre ombre qui s'en va.

BRAILLARD.
Je cours après elle, je vous salue.

SCENE VIII.
HALTE-LA, DOGUEMAN, LE CHIEN MUNITO.

DOGUEMAN.
Allons, Munito..... allons ! à bas les pattes.

AIR : *Je veux t'être un chien.*

Ayez des vertus ici bas,
De vous on ne parlera pas ;
Cela paraît un fait notoire.
A quoi servirait maintenant
D'être artiste, d'être savant ?
Faut être un chien ;
C'est là le seul moyen
D'aller promptement à la gloire !

COMEDIE.

HALTE-LA.

Qu'est ce que c'est que cet original?

DOGUEMAN.

Monsieur !...... Vous savez le bruit que font les bêtes dans ce moment-ci ?

HALTE-LA.

Oui, monsieur.

DOGUEMAN.

Je viens établir un nouveau spectacle d'animaux savans. Les bêtes seront sur le théâtre ; et je viens d'engager un artiste qui n'a encore jamais paru.... C'est aussi un étranger, un italien... Munito Deux (*un chien*). Saluez donc.

HALTE-LA.

Et vous ne craignez pas la concurrence avec Munito premier ?.....

DOGUEMAN, *montrant son chien.*

Lui ? il ne craint aucune bête vivante.... et son rival de la Cour des Fontaines ne serait qu'un roquet près de lui.

AIR : *Un homme pour faire un tableau*

> Si ses qualités, en ce jour,
> Etaient dignement reconnues,
> On verrait la ville et la cour
> Lui faire dresser des statues !
> Mais, plus de justice, de goût !...
> Enfin, dans nos cités ingrates,
> On voit la sottise debout
> Et le génie à quatre pattes.

Mais vous, monsieur, qui êtes un connaisseur...Viens ici, Munito !...... il est un peu crotté.... mais vous savez que le mérite va toujours à pied.... c'est un charmant animal... à bas les pattes, vilaine bête... c'est le premier calculateur de Paris... il a même eu déjà une place aux finances.... Vous avez pu le voir, il était sous le premier bureau à droite en entrant.

HALTE-LA.

Non, je ne l'ai pas remarqué.

DOGUEMAN.

Allons, Munito, tenez-vous droit (*le chien reste la tête entre ses pattes.*) Vous allez voir quelle intelligence ! Munito.... voyez déjà comme il lève la tête ! (*le chien ne remue pas.*) Munito, nous allons commencer notre opération d'algèbre et de géométrie.... il n'a jamais manqué ces tours-là.. Veux-tu venir ici !.... Munito ! nous allons commencer par la multiplication.... Deux croquignoles multipliées par une....

combien cela fait-il ? (*lui montrant les croquignoles*) Vous allez voir..... il n'a jamais manqué..... Eh! bien ? (*Munito avale les trois croquignoles.*)

HALTE-LA.

Et vous appelez cela une multiplication ?

DOGUEMAN.

C'est qu'il aura entendu une soustraction..... c'est ma faute ; je vous avais prévenu qu'il était italien ; et quand on ne prononce pas bien le français..... mais il n'a jamais manqué.

HALTE-LA.

Ecoutez donc.... En finances, il est plus aisé de soustraire que de multiplier.

DOGUEMAN.

A qui le dites-vous ? avez-vous là une pièce de cent sols ?.... vous allez voir..... Munito, houp! Eh bien! l'avez-vous vu passer ? il l'a avalée....... Maintenant, nous allons jouer une partie de piquet...... Avez-vous là des cartes neuves ?......

HALTE-LA.

Oui..... Mais dites-moi donc un peu......

DOGUEMAN.

Il va vous battre les cartes, et vous faire sauter la coupe.

HALTE-LA.

Permettez donc...... Il paraît que votre chien ne rapporte pas !

DOGUEMAN.

Au contraire, il est d'un très-bon rapport.... C'est un animal très-précieux......

HALTE-LA.

Oui pour vous........ mais pour moi......

DOGUEMAN.

Ah ! j'entends......... (*lui rendant la pièce*) Cet échantillon de son savoir-faire doit vous suffire ; et vous n'aurez pas l'injustice de fermer la barrière au talent, d'autant plus qu'il est homme à passer par-dessus......

HALTE-LA.

Permettez........

DOGUEMAN.

Comment, est-ce que ce serait ici comme aux Tuileries, au Luxembourg ?.... Est-ce que les chiens n'entrent pas ?......

COMEDIE.

HALTE-LA.

Précisément.......

(*On entend le bruit du cor.*)

DOGUEMAN.

Qu'est-ce que c'est donc que j'entends ?...... on va faire peur à mon chien.

HALTE-LA.

Comment, le cor l'effraye ?....... Il paraît qu'il n'est pas chasseur......

DOGUEMAN.

Là..... là....... (*le chien s'enfuit et passe par la barrière*) Quand je vous le disais....... le voilà sauvé...... c'est votre faute....... Il faudra maintenant que je courre après lui... Munito...... (*Il passe par-dessus la barrière et disparaît*)

HALTE-LA.

Mais arrêtez donc.......... allons, les voilà entrés tous les deux. ... Quel est ce monsieur ?

SCENE IX.

HALTE-LA, WALLACE, *traversant le théâtre sans voir Halte-là.*

HALTE-LA.

Eh bien ! comme il y va..... Est-ce qu'il va faire comme Munito ?..... Monsieur, arrêtez, on n'entre pas.....

WALLACE.

Ne m'arrêtez pas, je vous prie ; car il se fait tard...... on m'attend, et je ne serais pas en mesure.

HALTE-LA.

Eh bien ! vous vous y mettrez.

WALLACE.

Ça vous est bien aisé à dire...... mais enfin voyons ; dépêchons-nous. Qu'est-ce que vous voulez ?

HALTE-LA.

C'est ici la barrière Mont-Parnasse. nous en sommes

les préposés ; et l'on n'entre pas sans un passe-port..... ou quelque titre.

WALLACE.

Ah ! mon dieu, voilà toute mon histoire : je vais vous chanter cela......

HALTE-LA.

Non, j'aime mieux que vous parliez.

WALLACE.

Eh bien ! monsieur, j'aime Marie ; Marie m'aime..... Je me marie à Marie.... Marie meurt.

HALTE-LA.

Ah ! mon dieu.

WALLACE.

Et depuis la mort de ma femme, je ne fais plus que chanter...... voilà tout..... J'espère que maintenant vous ne ferez plus de difficulté, et que les intérêts qui m'appellent.....

HALTE LA.

Ma foi, tout ce que vous venez de me dire me paraît d'un intérêt fort médiocre. ..... et je ne vois là dedans aucun motif pour vous laisser passer.....

WALLACE.

Eh bien ! je ne m'attendais pas à celui-là....... J'espère au moins que vous ne ferez pas cet affront à mon maître.

HALTE-LA.

Comment, votre maître ?

WALLACE.

Oui, qui est là à m'attendre.

HALTE-LA.

Et vous le laissez à la porte ? faites-le donc entrer.....

WALLACE.

Venez, grand prince.

SCENE X.

LES PRECEDENS, ROBERT BRUCE, *avec un tambour et des plumes sur la tête.*

WALLACE.

Vous voyez qu'il ne tiendra pas beaucoup de place, et quand il passerait par-dessus le marché......

HALTE-LA.

Comment, c'est là votre maître ?

ROBERT.

Oui, monsieur, je suis son maître, et c'est lui qui me mène ! il m'apprend tout plein de belles choses ; et grâce à lui, je répète à chaque instant, *gloire, patrie, gloire, patrie !*.....

HALTE-LA.

Eh mon dieu! l'on m'a déjà parlé de cela ce matin !.... gloire, patrie.....

ROBERT.

Oui, monsieur, je ne sors pas de-là; et puis d'ailleurs, si vous n'êtes pas content.....

AIR *du Ménage de Garçon.*

Ma valeur et ma grandeur d'âme,
Ma grandeur d'âme et ma valeur,
Ma valeur et ma grandeur d'âme....

HALTE-LA.

C'est bien d'avoir de la grandeur ;
Votre rang d'ailleurs le commande ;
Mais on se dit, quand on vous voit,
Que chez vous une ame aussi grande
Doit se trouver bien à l'étroit.

WALLACE.

Allons, vous ne résisterez pas aux accens du troubadour; on l'attend, on a besoin de lui......

HALTE-LA.

Allons donc, des troubadours, nos magasins en sont pleins ; nos manufactures ne font que ça.

AIR : *G'nia que Paris.*

A d'autres gens ayez recours,
Si parmi nous vous voulez prendre
Des guitares, des troubadours....
Ah ! nous en avons à revendre ;
Et puis, en fait de ménestrel,
  N'y a que Blondel!

D'ailleurs, vous avez avec lui plus d'un trait de ressemblance, et vous pourriez lui nuire.

WALLACE.

Oh ! je ne ferai de tort à personne..... Vous verrez....

HALTE-LA.

Impossible.

WALLACE.

Eh bien! j'avise un expédient excellent qui mettra votre conscience à couvert...... Le petit va prendre mes habits.... Approchez, grand prince. (*il lui met son grand bonnet et prend le chapeau de plumes du petit; il lui donne sa lyre et prend son tambour.*)

HALTE-LA.

Eh bien! qu'allez-vous faire?

WALLACE.

Vous ne voyez pas?

HALTE-LA.

Mais, pas trop.

WALLACE.

C'est ce qu'il faut! vous prenez le petit pour moi!... Je n'ai guères que trois pieds de plus!... Le petit passe, et quand une fois il sera dedans, il viendra m'ouvrir!.... Je sortirai, je triompherai.... Heim, qu'en dites-vous, ça n'est pas si mal imaginé?

HALTE-LA.

Avec ce moyen-là, vous n'irez même pas au boulevard du Temple.

SCENE XI.

Les Précédens; FANCHETTE, THIBAUT.

FANCHETTE.

Ah! grand dieu, si je ne me trompe... Eh! oui, Thibaut, c'est lui?

WALLACE

Venez donc à mon aide, mademoiselle Fanchette, on ne veut pas nous laisser entrer......

FANCHETTE, *à Halte-là*.

Comment, après ce que vous m'avez promis, j'espère que vous ne lui ferez pas de difficulté... C'est ce monsieur que nous attendions.

HALTE-LA.

Ma foi, je ne l'ai pas reconnu; vous me disiez un héros.

FANCHETTE.

Eh bien!....

HALTE-LA.

Où est donc son épée?.... je ne lui vois qu'une guitare.

FANCHETTE.

C'est qu'il chante plus qu'il ne se bat ; mais qu'est-ce que ça fait?

HALTE-LA.

Vous disiez une physionomie distinguée.

FANCHETTE.

Eh! bien.....

HALTE-LA.

Eh bien! il ressemble à un prince de mélodrame.

FANCHETTE.

Il a bien un air de famille; mais c'est égal.

HALE-LA.

Malgré tout le désir que j'ai de vous obliger... il n'y a pas moyen... Holà, Messieurs.... Furet, Trouve-Tout, qu'on ferme les barrières et qu'on surveille Monsieur...

WALLACE.

Ah! mon dieu, mon dieu!

FANCHETTE.

Eh bien!.... qu'est-ce que vous faites là à vous désespérer...? Voyons, cherchons quelques moyens....

WALLACE.

Je n'ai plus d'espoir qu'en vos talens.... Vous en avez fait passer de plus mauvais que moi... Ainsi... Ah! une belle idée... mon moyen du second acte... Voilà une guinguette, je vais faire boire mes gardiens.

THIBAUT, à *Wallace*.

Attendez,... avez-vous là votre partition?

WALLACE.

Pardi! est-ce que j'irais sans elle?

FANCHETTE.

Donnez la moi, et soyez tranquille... (*à la cantonnade.*) Venez, vous autres.

WALLACE.

Eh bien! qu'est-ce qu'elle veut donc faire?... Il me semble que depuis qu'elle m'a ôté ma musique... Je ne puis plus me soutenir.

(*Plusieurs ménétriers entrent; Halte-Là, et les autres Commis, sont sur le devant de la scène occupés à boire.*)

FANCHETTE.

Silence !... Ce sont tous les menétriers des environs que nous avons rassemblés.... Allons, commencez...

HALTE-LA.

Qu'est-ce que ce sabat-là ?...

THIBAUT.

Ecoutez, Messieurs et Dames, de la jolie musique, de la musique nouvelle....

WALLACE.

Quel bonheur !... Voilà le morceau qui fait son effet !... Bon, bon, ... voilà que ça commence ! Ah ! si j'osais seulement chanter, comme je les acheverais....

FANCHETTE.

Je crois que vous pouvez vous avancer un peu...

WALLACE.

Oui, je le crois aussi.... C'est que de temps en temps il y a dans notre orchestre des trombonnes obligées... et j'ai peur que ça ne les réveille......

FANCHETTE.

Attendez... vite le final du second acte... Ce morceau-là doit nous sauver.

(*Les ménétriers exécutent un air.*)

LES DOUANIERS.

Quels accens ravissans
Portent dans tous mes sens
Le trouble que je sens !

(*Tous s'endorment.*)

WALLACE.

Oh ! ma partition, je te rends grâce !!! Oui, je crois décidément qu'à la faveur du final je pourrais passer... (*S'approchant de la barrière*) Tenez, d'abord le petit.... (*On passe l'enfant par-dessus la barrière*) moi après..... c'est le plus difficile...

FANCHETTE.

Oui, vous n'êtes pas léger.

THIBAUT, *le poussant.*

Allons !.... houp !.. Un effort ! ! Wallace est enlevé....

COMEDIE.

CHOEUR DE MÉNÉTRIERS.
AIR: *Du Bouffe.*

Honneur à la musique,
Qui sait tout éclipser !
Sa puissance magique
Fait toujours tout passer.

(*Halte-Jà et les douaniers se réveillent.*)

HALTE-LA.
Qu'est-ce que c'est ? qu'est-ce que c'est ?

THIBAUT.
Il a passé ! il a passé... ça n'est pas sans peine.

HALTE-LA.
Comment, il serait possible ? Wallace !.....

THIBAUT.
A trompé votre surveillance et est maintenant en route avec son souverain, pour se rendre rue Feydeau, où le Comité et le Caisssier l'attendent avec la plus vive impatience !....

TOUS.
Vive Wallace !...

SCENE XII ET DERNIÈRE.

(*Le théâtre change, et représente le Boulevard.*)

MACBETH *à la tête de sa cavalcade*, WALLACE, ROBERT, BRUCE, FANCHETTE, THIBAUT (*portant des palmes.*)

WALLACE.
Monsieur, enchanté de faire route ensemble...

MACBETH.
La seule différence est que vous allez rue Feydeau et moi faubourg du Temple ; mais si vous voulez changer....

WALLACE.
Non, Monsieur, je me rends justice, je ne suis qu'un simple piéton, vous êtes à cheval et vous êtes fait pour aller plus loin que moi.

WALLACE.

VAUDEVILLE.

Air de M. Doche.

Chez nous, rarement on séjourne,
Et l'on y vient au petit trot.

CHOEUR.

Chez nous, etc.

C'est quand le public s'en retourne
Qu'on lui voit prendre le galop.

THIBAUT.

Quittez ces lieux, noble Wallace,
Ces lieux sont trop étroits pour vous :
Aux héros il faut plus de place,
Et vous en trouverez chez nous.

FANCHETTE.

Fanchett' que chacun idolâtre,
Fait les innocent's à ravir ;
Et l'innocence est, au théâtre,
Un rôl' si difficile à t'nir.

WALLACE, à *Thibaut et à Fanchette.*

Vous avez su, chacun l'éprouve,
Garder votre simplicité ;
Sous vos lambris dorés on trouve
La douce médiocrité.

TROUVE-TOUT.

Par une ordonnance bien franche,
Que le peuple bénit déjà,
On va s'amuser tout l'dimanche,
Puisque l'on ferme l'Opéra.

HALTE-LA.

Assister aux concerts qu'on donne
Est méritoire doublement ;
En s'y rendant on fait l'aumône,
Et pénitence en écoutant.

DOGUEMAN, *au Public.*

Quand j'veux fair' venir mon caniche,
Vous savez quel est mon moyen ;
N'allez pas me faire la niche,
Messieurs, d'app'ler ici mon chien.

Imprimerie FORTHMANN, rue Ste.-Anne, n°. 43.

www.ingramcontent.com/pod-product-compliance
Lightning Source LLC
Chambersburg PA
CBHW060533050426
42451CB00011B/1745